NOTICE

SUR

L. TOLOZAN DE MONTFORT.

NOTICE

SUR LOUIS

TOLOZAN DE MONTFORT.

Publication de la Revue du Lyonnais.

LYON.

IMPRIMERIE DE L. BOITEL,

QUAI ST-ANTOINE, 36.

—

1837.

NOTICE

SUR LOUIS

TOLOZAN DE MONTFORT.

Louis Tolozan de Monfort, le dernier prévôt des marchands qu'ait eu la ville de Lyon, y était né le 29 juin 1726, dans la paroisse de Saint-Pierre et Saint-Saturnin, et il était le quatrième des six enfants mâles (1), issus du

(1) Louis François, né le 29 janvier 1720
Jean François, né le 1er août 1722
Antoine Marie, né le 25 fevrier 1724
Louis, né le 29 juin 1726
Claude, né le 15 juillet 1728
George Antoine, né le 5 novembre 1730.

De tous les fils d'Antoine Tolozan, il ne restait, en 1754, au moment du décès de leur père, que Louis, qui est le sujet de la présente notice; Jean François, qui fût reçu, en 1746, avocat général à la Cour des Monnaies, sénéchaussée

mariage d'Antoine Tolozan, marchand de soie, banquier et fabricant de soieries, avec Benoîte Gesse (1). Cet Antoine Tolozan, qu'on dit être venu à Lyon en sabots, et avec une pièce de vingt-quatre sous dans sa poche (2), n'en fut pas moins un de nos premiers négociants, un homme de la plus rare capacité pour les affaires. Après y avoir amassé, et même en assez peu de temps, une fortune des plus considérables, on le vit, vers l'année 1740, faire bâtir l'immense maison qui coupe de la rue Longue à la place du Plâtre, et, presque aussitôt après, il entreprit celle du quai Saint-Clair, qui fut entièrement terminée vers l'année 1746. Voulant établir son domicile dans cette dernière, il y fit déployer un luxe d'architecture peu commun alors : quelques jaloux contemporains se récrièrent; mais la noblesse et l'élégance qu'on admire encore aujourd'hui dans cette belle construction, convenaient parfaitement à un homme qui avait pris le titre d'*Ecuyer*, qui possédait le noble fief de *Montfort* (3), et qui, depuis l'année 1736, était pourvu d'une charge de

et siége Présidial de Lyon, membre de l'Académie des sciences et belles-lettres de Lyon, en 1753, ensuite maître des requêtes et intendant du Commerce, à Paris; enfin Claude, qui fut Conseiller-rapporteur au Tribunal des Maréchaux de France, puis introducteur des ambassadeurs.

(1) Tante de George-Antoine Gesse de Poizieux, Lieutenant Général Civil en la sénéchaussée et siège présidial de Lyon.

(2) Il sortait d'un village du Haut Dauphiné, dans les montagnes près de Briançon.

(3) Le fief de *Montfort*, à Lissieux, relevait de la Baronnie de Chasselay. Vers l'année 1720, à l'époque de la banque de Law, ce fief appartenait au bizaïeul maternel de l'auteur de cette notice, qui l'échangea ensuite contre une maison et des terrains assez vastes, situés sur le plateau des *Chartreux*, à Lyon, et possédés par Antoine Tolozan. Montfort, aujourd'hui une auberge, appartient, avec les fonds qui en dépendent, aux héritiers de feu M. Diot de Lissieux.

conseiller-secrétaire du roi en la chancellerie près la cour des Monnaies de Lyon (1).

Antoine Tolozan étant mort le 19 décembre 1754, âgé seulement de soixante-sept ans, Louis Tolozan, son fils, qui lui avait succédé depuis plusieurs années dans le commerce des soies, la banque et la fabrication des soieries, ne tarda pas à se marier. En 1757, le 30 mai, il épousa Marie-Anne Audra, fille de Laurent Audra, recteur de l'hôpital de la Charité de Lyon en 1744, juge assesseur au tribunal de la Conservation en 1751, enfin échevin en 1770.

En 1763, Louis Tolozan, qui, depuis la mort de son père, prenait également les titres d'*Ecuyer* et de seigneur de *Montfort*, fut appelé au rectorat de l'hôpital de la Charité, fonctions qu'il continua de remplir pendant les années 1764, 1765 et 1766. Vers la fin de l'année 1771, après avoir, pendant près de vingt-cinq ans, traité les affaires commerciales avec le plus brillant succès, après avoir fait connaître les produits de l'industrie lyonnaise dans toutes les cours de l'Europe (2), il jugea qu'il était temps pour lui de se retirer, et il se donna pour successeurs MM. Steimann, Tansard et Bianchi, qu'il commandita.

A cette époque, la charge de *trésorier et receveur général des deniers communs, dons et octrois de la ville*

(1) La *Cour des Monnaies*, créée à Lyon par un édit de Louis XIV du mois de juin 1704, fut supprimée par un autre édit du Roi du mois d'août 1771 et remplacée par une *Juridiction de la Monnaie* composée de deux conseillers juges, d'un procureur du Roi, d'un substitut et d'un greffier. Depuis 1705 jusqu'en 1771, la Cour des Monnaies avait été réunie au tribunal de la sénéchaussée et siége présidial de Lyon.

(2) Alors, on ne connaissait pas à Lyon ce qu'on y appelle aujourd'hui des *commissionnaires*.

et communauté de Lyon, étant devenue vacante par la retraite de Christophe-François-Nicolau de Montribloud, qui en était en possession, Louis Tolozan fut choisi pour le remplacer, à dater du 1er janvier 1776. A la fin de décembre 1779, une délibération du Consulat le maintint dans ses fonctions encore pour trois ans; enfin, par une nouvelle délibération du 26 avril 1781, il fut nommé pour six années, à partir du 31 décembre 1783. Cependant, à la fin de l'année 1784, il donna sa démission de trésorier de la ville, et le Consulat, par délibération du 29 décembre, lui donna pour successeur Alexis-Antoine Regny, fils aîné.

« Messieurs, dit Louis Tolozan au Consulat assemblé, avant que vous procédiez à la nomination de mon successeur, je vous prie d'agréer l'hommage de ma reconnaissance. Si, pendant neuf ans d'exercice, je me suis uniquement occupé de tout ce qui pouvait contribuer à maintenir le crédit de la ville et à améliorer ses finances, vos bontés ont encouragé mon zèle, et votre approbation en a été la plus flatteuse récompense. Je conserve, Messieurs, le plus ardent désir d'être utile à l'administration; mon successeur pourra, en ce qui le concerne, compter sur mes sentiments : trop heureux, si vous daignez agréer l'offre de mes services. »

Marie-Pierre Prost de Grange-Blanche, avocat et procureur-général de la ville, prenant la parole au nom de l'assemblée, donna à Louis Tolozan les témoignages les plus empressés de la reconnaissance que la ville lui devait de ses services et des avantages qu'il lui avait procurés par son crédit et par ses lumières. Ces avantages avaient effectivement été fort grands. La ville de Lyon était débitrice envers les banquiers de Gênes de plusieurs millions qui lui avaient été prêtés pour la construction des quais de Retz, du Bon-Rencontre et de l'Hôpital. Les Gênois conçurent des inquiétudes à l'égard de la solidité de leurs créances; la franchise et le crédit de Louis Tolozan les dissipèrent bientôt. Le zélé trésorier, avant l'échéance des engagements de la ville, pria les Gênois de tirer sur lui des lettres de change pour leur remboursement; cette proposition ayant mis les prêteurs dans l'alternative d'être remboursés sur le champ, ou de diminuer le taux de l'intérêt que leur payait la ville, la garantie que leur offrait la caution de Louis Tolozan les fit renoncer à leur remboursement et accepter la réduction d'intérêt demandée.

En prenant possession de la place de *trésorier-receveur des deniers communs, dons et octrois* de la ville de Lyon, Alexis-Antoine Regny s'engagea de la remplir aux mêmes conditions, charges et honoraires qu'elle l'avait été par son prédécesseur, à l'exception cependant de l'intérêt du cautionnement à fournir, dont le taux fut réduit à trois pour cent. Ce cautionnement fut de six cent mille livres. Le nouveau trésorier renonça à toutes provisions sur les emprunts qui pourraient être faits, tant pour remboursements que pour reconstitutions, ou tous autres objets. Quant aux avances à faire par lui à la ville, lorsque les circonstances l'exigeraient, il fut convenu que l'intérêt de toutes les sommes avancées serait de cinq pour cent. Alexis-Antoine Regny se soumit, en outre, à toutes les conditions que le Consulat penserait devoir exiger pour le plus grand avantage de la ville et communauté.

Le temps d'exercice de messire Antoine Fay de Sathonay, prévôt des marchands de Lyon, expirant à la fin de 1784, une assemblée des notables de la ville, tenue le 16 décembre de cette année, en exécution des fameuses lettres patentes du roi Louis XV, du 31 août 1764, concernant l'administration municipale de Lyon, élut trois candidats pour remplacer M. Fay.

Très-peu de personnes aujourd'hui savent ce qu'était cette assemblée des notables. Elle se composait du prévôt des marchands, des quatre échevins, des douze conseillers de ville, de deux officiers de la sénéchaussée, d'un membre du chapitre de l'église primatiale, d'un membre de l'ordre du clergé, d'un membre de l'ordre de la noblesse, d'un conseiller au siége de l'élection, d'un trésorier de France, d'un membre de l'ordre des avocats, d'un membre de la communauté des notaires, d'un membre de celle des procureurs, de cinq membres du haut commerce et de quatre membres des communautés d'arts et métiers. Le nombre de ces notables était donc de trente-six, dont les dix-sept derniers étaient nommés par des députés élus dans l'assemblée du chapitre de l'église primatiale; dans celle de l'ordre du clergé, convoquée par l'archevêque; dans celle de l'ordre de la noblesse, convoquée par le sénéchal; dans celles de la sénéchaussée et des autres juridictions, convoquées par les présidents; dans celles des avocats, notaires et procureurs; dans celles des corporations d'arts et métiers, convoquées par le prévôt des marchands. Ces convocations avaient lieu dans les huit premiers jours de décembre. L'assemblée des députés se tenait dans une des salles de l'Hôtel-de-Ville, sous la convocation et la présidence du prévôt des marchands. Les notables étaient élus pour une année, et ils pouvaient être réélus; ils devaient être âgés de trente-cinq ans et domiciliés à Lyon depuis dix années. Les trois candidats élus par eux pour la place de prévôt des marchands, devaient être nés à Lyon, et jouir des priviléges de la noblesse. Aux notables appartenait également l'élection des quatre échevins et des douze conseillers de ville ; ces derniers étaient élus pour six ans, et les deux nouveaux échevins étaient pris parmi eux.

Ce système d'élection était, comme on le voit, infiniment plus large que celui dont nous jouissons aujourd'hui, plus véritablement populaire, et il prouve que les sages idées libérales ne datent pas absolument de notre époque. Les trois candidats pour la place de prévôt des marchands, élus par les notables dans l'assemblée du 16 décembre 1784, furent inscrits nominativement sur une liste dont la présentation au roi eut lieu vers la fin du même mois, et Louis Tolozan fut celui qui obtint la préférence du Monarque. Ainsi donc, au commencement de l'année 1785, le consulat fut composé de la manière qui suit :

Prévôt des Marchands.

Messire Louis Tolozan de Monfort, écuyer.

Echevins.

Noble Léonard Gay, échevin sortant à la fin de l'année.
Noble Louis-Joseph Baroud, idem.
Noble Jean-Antoine Tavernier, nouvellement élu.
Noble Claude Lemoyne, idem.

Conseillers de ville.

Thomas-Gonin de Lurieu, ancien échevin.
Jean-Baptiste Lacour, idem.
Jean-Marie Rousset, idem.
André Rambaud, idem.
Jacques-François Vauberet-Jacquier.

Jean-Marie Ravier.
Etienne Garnier.
Claude-François Fayolle aîné.
François Rocoffort.
Antoine Lucy.
Jean-Marie Dégraix.
Marc-Antoine Bertholon.

Avocat et Procureur-Général.

Marie-Pierre Prost de Grange-Blanche.

Secrétaire de la ville.

Benoît Valous.

Nommé par le roi le 2 janvier 1785, Louis Tolozan fut installé le 11. Cette installatiou eut lieu, en très-grande pompe, dans la grand-salle de l'Hôtel-de-Ville. Reçu à la prestation du serment, le nouveau prévôt des marchands dit :

« Je jure de vivre et mourir dans la religion catholique, apostolique et romaine, de bien et fidèlement exercer la charge de prévôt des marchands, de rendre la justice dans la juridiction de la conservation des priviléges royaux des foires de Lyon, de n'avoir d'autre objet, dans l'un et l'autre emploi, que celui du service de Dieu et du roi, de préférer, en toute occasion, les intérêts du public à mes intérêts particuliers, de tenir secrètes les délibérations consulaires et les propositions qui s'y feront. »

Le même jour, distribution fut faite des clés des portes de la ville. Les clés des portes du pont du Rhône et de celles de Vaise furent données à M. le prévôt des marchands, celles de la Croix-Rousse et de Serin à M. le premier échevin, celles de la porte et chaînes d'Ainay au second échevin, celles de Saint-Just et de Saint-Georges au troisième, enfin celles de la porte et du pont Saint-Clair au quatrième. Les commis des portes et chaînes qui devaient les ouvrir tous les matins et les fermer tous les soirs, et porter ensuite les clés chez le prévôt des marchands et les quatre échevins, étaient au nombre de onze. Deux mandeurs de ville, les sieurs Laporte et Chevelu, étaient attachés à la suite de M. le prévôt des marchands; chaque échevin avait aussi son mandeur de ville, le sieur Blanc à la suite de M. Gay, le sieur Desfarges à la suite de M. Baroud, le sieur Raby à la suite de M. Tavernier, enfin le sieur Reynard à la suite de M. Lemoyne.

Passant aussitôt à la distribution des affaires de la ville, M. le prévôt des marchands se chargea des assemblées du Consulat, de la police des spectacles et du détail du commandement; M. Gay se chargea de la voierie, du bail des pompes à incendie, de celui des lanternes et reverbères; M. Baroud se chargea de l'inspection sur les moulins, de leur placement et déplacement, des plates ou bateaux à laver le linge, enfin des différentes usines placées sur le Rhône et sur la Saône; M. Tavernier se chargea de l'instruction publique et de tout ce qui pouvait la concerner; enfin M. Lemoyne fut chargé de la partie des contraventions.

On voit, par ce court exposé, que le régime municipal de Lyon, en 1785, ne différait pas d'une manière bien essentielle du régime adopté depuis 1790; on peut même dire que les fonctions du Consulat, ainsi que les personnes des citoyens qui le composaient, étaient entourées de bien plus de respects, d'honneurs bien plus grands que n'en jouissent les magistrats municipaux d'à-présent, puisque le prévôt des marchands et les quatre échevins de la ville de Lyon étaient encore seigneurs hauts justiciers du lieu de la Guillotière, château de Bêchevelin et dépendances.

Peu de jours après l'installation du nouveau Consulat, Louis Tolozan, en sa qualité de prévôt des marchands et de président de la *Conservation des priviléges royaux de la ville de Lyon*, prit possession du fauteuil à la rentrée de ce tribunal ; avant le commencement des plaidoiries, il fut complimenté par MM. Delandine et Lémontey, jeunes avocats très-distingués alors au barreau, qui, dans les premières années de notre révolution, parurent l'un et l'autre avec éclat à la tribune nationale, et qui ont laissé depuis dans les lettres une réputation durable. Juridiction établie pour toutes les affaires relatives au commerce, et pour prononcer sur les contestations entre les marchands et les négociants, le tribunal de la Conservation, réuni au corps consulaire en l'année 1655, était composé d'un président, de quatre juges et de six assesseurs, d'un avocat procureur du roi, d'un greffier en chef et d'un commis greffier ; les quatre juges étaient les quatre échevins, et les juges assesseurs étaient ou des bourgeois ou des marchands, parmi lesquels il y avait toujours un ancien échevin avocat. A la place de cette juridiction, nous avons aujourd'hui le *tribunal de Commerce,* dont les jugements ne sont exécutoires qu'à Lyon seulement, tandis que les jugements du *tribunal de la Conservation* étaient exécutoires dans toute l'étendue du royaume.

Le 27 mars, à sept heures du soir, la reine de France, Marie-Antoinette, étant accouchée d'un prince qui prit le nom de *duc de Normandie*, la nouvelle en fut bientôt apportée à Lyon par un courrier dépêché de Versailles au roi de Sardaigne. Cette nouvelle, regardée alors comme heureuse (1), ne tarda pas d'être confirmée par une lettre de M. le comte de Vergennes au prévôt des marchands de Lyon, datée du 30 du même mois. En conséquence, le Consulat, assemblé le 19 avril, et s'empressant de donner des marques de son zèle et de son amour pour le roi et son auguste famille, arrêta que, le dimanche, 24, jour où serait chanté un *Te Deum* dans l'église primatiale de Saint-Jean, les citoyens et habitants de Lyon, de quelque état ou condition qu'ils fussent, feraient mettre sur chaque croisée des fenêtres de leurs appartements ayant vue sur les rues, places et quais, des lanternes de papier avec des chandelles allumées à la nuit tombante; il arrêta pareillement que, le même jour, des fontaines de vin seraient établies sur les places d'armes de chacun des vingt-huit quartiers de la ville, et qu'un feu d'artifice serait tiré sur le pont du Change, à huit heures du soir.

Le dimanche, 24 avril, jour indiqué pour le *Te Deum*, fut annoncé par le carillon des cloches de l'Hôtel-de-Ville et par des salves réitérées de l'artillerie consulaire. Bientôt MM. le prévôt des marchands et échevins, M. l'avocat procureur-général de la ville et M. le trésorier, tous en robes violettes, accompagnés de MM. les ex-consuls, en robes noires, suivis de MM. les capitaine-colonel et commissaires de la milice bourgeoise, et précédés du fourrier de la ville, à cheval et en habit d'ordonnance, sortirent de l'Hôtel-de-Ville, et se rendirent en cortége, dans des voitures, à l'église de

(1) Le Duc de *Normandie*, second fils de Louis XVI, prit le titre de *Dauphin*, en 1789, après la mort de son frère. On sait assez quelle fut la fin déplorable de ce malheureux enfant qui a porté le nom de *Louis XVII*.

Saint-Jean, où ils furent reçus par des députés de Messieurs du chapitre de l'église, comtes de Lyon, et placés dans le sanctuaire sur des bancs qui leur avaient été préparés. Après le *Te Deum*, le Consulat se retira en traversant le chœur et la nef de l'église au milieu des troupes de la milice bourgeoise, qui y étaient rangées en haie, et il se rendit à l'Hôtel-de-Ville dans le même ordre qu'il en était parti.

Pendant le *Te Deum*, de nombreuses décharges de l'artillerie de la ville se firent entendre; après-midi, les fontaines de vin, placées dans tous les quartiers, coulèrent à longs flots. L'édifice que le Consulat avait fait élever sur le pont du Change, pour le feu d'artifice, était orné de peintures qui représentaient la France tenant dans ses bras un enfant entouré de fleurs; au-devant d'elle étaient peintes les armes de France : de chaque côté, deux cornes d'abondance étaient accompagnées des armes de la ville et de celles de M. le duc de Villeroy, gouverneur de de Lyon et de la province. Sur le socle de l'édifice, on lisait les vers suivants :

Un prince nouveau-né comble notre espérance,
De guirlandes de fleurs entourons son berceau ;
Et vous, enfants des arts, saisissez le pinceau,
Il faut peindre à Louis les transports de la France.

Le soir, aussitôt après le spectacle, le Consulat se rendit à l'ancien Hôtel du Gouvernement, d'où il fit donner le signal pour faire tirer le feu d'artifice. Dans l'illumination de l'Hôtel-de-Ville, on suivit toutes les lignes d'architecture de ce superbe édifice, et sur le devant du balcon, on lisait ce vers :

Père de ses sujets, le roi leur donne un frère.

Comme fondateur du collége de la Trinité de Lyon,

le Consulat arrêta, le 19 mai, que, le samedi 21, il se rendrait en robes de cérémonie à ce collége, alors occupé par les Pères de la Congrégation de l'Oratoire, afin de recevoir les honneurs qui devaient leur être rendus, à la forme des lettres patentes du roi du 29 avril 1764. Parti de l'Hôtel-de-Ville à quatre heures après midi, le Consulat fut reçu à la porte de l'église du collége par le révérend père Baillot, supérieur de la maison, assisté de plusieurs autres prêtres de l'Oratoire, et conduit à la place qui lui avait été préparée en face du grand autel, où étaient réunies plusieurs notabilités de la ville. Le père Baillot s'étant approché du prévôt des marchands et des échevins, avec un cierge blanc à la main, sur lequel étaient peintes les armes de la ville, le leur présenta, et dit :

« Messieurs,

« Chaque année ajoute à notre reconnaissance. Pourrions-nous n'en être pas pénétrés lorsque, vous dérobant à vos affaires les plus importantes, vous venez vous rassembler ici, moins pour y recevoir un hommage, que pour semer des fleurs dans la carrière épineuse que nous avons à parcourir. C'est que votre sagesse vous fait apercevoir tout le prix de l'éducation, dont les avantages s'étendent jusqu'à ces têtes augustes qui, par le droit de leur naissance, doivent fixer un jour la destinée des peuples.

« Qui de nous, en effet, Messieurs, à la naissance du prince que le Seigneur vient d'accorder à nos prières, après nos premiers transports, après les solennelles actions de grâces dont nos temples ont retenti, qui de nous n'a pas éprouvé le plus vif désir que ce prince, si cher à la nation, soit confié à des mains capables, et que les heureuses qualités qu'il a reçues de ses pères, comme par héritage, soient embellies et se perfectionnent par la plus excellente éducation ?

« Telle est celle, Messieurs, que vous, qui êtes les pères de la patrie, venez solliciter pour vos jeunes concitoyens.

« Et vous, Monsieur, dont le zèle, les talents et la générosité sont de sûrs garants de votre administration, qui n'êtes animé que par la passion du bien public, ne l'envisagez-vous pas, cette éducation, comme digne de vos soins et de votre sollicitude ?

« Pour nous, Messieurs, tant que nous vous aurons pour témoins et pour modèles, aucune difficulté ne nous rebutera, aucun ménagement ne nous arrêtera. Trop satisfaits d'entrer dans vos vues de sagesse et de bienfaisance, et de mériter de plus en plus votre confiance et vos suffrages. »

Louis Tolozan, prenant la parole, répondit :

Messieurs,

« Le Consulat en recevant l'hommage que vous venez lui renouveller chaque année, y voit moins une formalité d'usage, qu'un nouveau témoignage de votre attachement pour la patrie.

« En formant à l'exercice des vertus la jeunesse qui vous est confiée, vous lui préparez des citoyens dignes d'elle.

« Le zèle le plus soutenu, la vigilance la plus éclairée, vous guident dans les devoirs pénibles que vous vous êtes imposés, et la reconnaissance publique vous nomme parmi ses bienfaiteurs.

« Le salutaire effet de vos instructions ne se borne pas au bonheur des enfants, celui des pères devient votre ouvrage : leur cœur paternel se rassure en voyant les gages de leur tendresse puiser dans vos leçons les principes d'une morale douce et pure, et recevoir de votre exemple celui des vertus qu'ils doivent un jour à la société : la naissance d'un nouveau prince échauffera par vos soins leur émulation, en même temps qu'elle assure le bonheur des peuples.

« Une bonne éducation est un bienfait qui se répand sur chaque action de la vie.

« Ce sont là, Messieurs, les services importants que vous rendez à la patrie : continuez à veiller, avec le même zèle, sur le dépôt de ses plus tendres espérances, et soyez persuadés que si le Consulat peut donner de nouveaux encouragements à vos travaux, vous le verrez toujours prêt à augmenter la confiance que l'on vous doit, et à rendre justice aux sentiments qui vous honorent. »

On sait que Lyon, la plus florissante cité des Gaules sous l'empire romain, fut, après la chute de cet empire, soumise à la domination des empereurs d'Allemagne, et qu'elle passa ensuite sous celle de ses archevèques. De graves atteintes, portées par ceux-ci aux droits et libertés des citoyens de Lyon, donnèrent lieu, dans le treizième siècle, à de très-grands troubles, dont la conséquence fut d'amener les Lyonnais à se mettre sous la protection des rois de France. Ce ne fut cependant que, en 1315, sous le règne de Louis Hutin, que Lyon se soumit définitivement à la couronne, et que le Roi fit expédier des lettres patentes qui maintenaient les Lyonnais dans leurs anciennes immunités et franchises, notamment celles de la *garde* de la *ville*, de ses *portes* et de ses *clés*. La milice bourgeoise de Lyon existait donc antérieurement aux treizième et quatorzième siècles ; mais il est certain que cette milice a été long-temps très-faible, assez mal organisée et qu'elle n'a été mise sur un pied régulier et respectable qu'en 1694, par un édit du Roi Louis XIV, du 30 mars. A cette époque, la milice bourgeoise de Lyon formait trente-cinq compagnies, nombre des quartiers de la ville: en l'année 1746, une division nouvelle et plus égale eut lieu, et le nombre des quartiers et compagnies fut réduit à vingt-huit.

Le commandement en chef de la milice bourgeoise appartenant au prévôt des marchands, ce magistrat, dans tous les temps, s'est occupé très-vivement de tout ce qui pouvait contribuer au maintien de l'ordre et de la discipline, et à exciter le zèle pour le service de la ville et du Roi. Louis Tolozan, homme de tête et d'activité, ne pouvait manquer de suivre l'exemple de ses prédécesseurs. Le 19 juin 1785 il fit une convocation générale de la milice bourgeoise, et il en passa la revue sur la place des Terreaux. Dans cette revue, véritable fête de famille, il distribua des épées d'honneur à plusieurs officiers et des médailles d'argent à différents sous-officiers.

Les officiers qui reçurent des épées furent M. Jean-Baptiste Berruyer, capitaine du quartier de la place Confort, M. Claude-François Fournel, capitaine du quartier de la Croizette, M. Jean-Joseph Cinier, capitaine du quartier de la place Neuve, M. Oderieu fils, lieutenant du quartier du port Saint-Paul, enfin M. Jean-Benoît, capitaine du quartier de Bon-Rencontre.

Quant aux sous-officiers qui reçurent des médailles d'argent, ce furent MM. Claude Paufin, Benoît Chatard, Étienne Dumas, Denis Grenier, Pierre Revel, François-Gaspard André, Joseph-Philibert Dépagne, Claude Bernard, Jean Sauge, Nicolas Rochaud, Jean-Baptiste Chol, Alexis Bourget, Jacques Nouvellet, Marc Brévard, Benoît Gaillard, Jean François Rey, Raymond Lenoir, Jean

Daniel Gaillard, Claude Sourdillon, Jean-Louis Duchamp, Michel Déchelette, François Maillet, François Combet, Barthélemy Arthaud, Joseph Gantillon, Philibert Cochet, Antoine Perra, Camille Bouillard, Claude Ducarre, Joseph Montigny, André Pain, Jean-Baptiste Journaud, Jacques Garby, Pierre Mille, Grégoire Chanal, Jean-Marie Micard, Jean-Marie Sivan, Armand Blanchet, Jean-Claude Level, Simond Andrillat, Jean-Baptiste Laforêt, René Barrillon, François Déchamps, Antoine-Blanc, François Comte et Nicolas Chavarot. Tous ces sous-officiers comptaient vingt ans de service dans la garde bourgeoise.

Sur la lame des épées d'honneur accordées à MM. les officiers étaient gravés ces mots : *Sous le commandement de M. Tolozan de Montfort, prévôt des marchands, et le Consulat de MM. Gay, Baroud, Tavernier et Lemoyne.* Les médailles d'argent données à MM. les sous-officiers, portaient pour légende : *Récompense accordée aux sous-officiers vétérans.* Après la distribution des épées et des médailles, le Consulat vint se placer au bas du perron de l'Hôtel-de-Ville, et les vingt-huit compagnies défilèrent sous ses yeux. A deux heures après midi, le Consulat se rendit sur le quai de la Charité, dans une salle dépendante du bâtiment de l'hôpital de ce nom, où il assista à un superbe repas qu'avaient fait préparer les commissaires de la milice bourgeoise. Pendant le repas, le bruit des tambours et la musique ne cessèrent de se faire entendre; on y porta les santés de MM. du Consulat, de MM. les officiers de l'état-major, de MM. les capitaines des différentes compagnies, de M. le comte de Vergennes, de M. le duc de Villeroy, enfin on y porta la santé du roi et de la famille royale avec des acclamations réitérées de *vive le Roi!*

La revue passée l'année suivante présenta un spectacle encore plus brillant. Le 30 avril 1786, les vingt-huit compagnies de la milice bourgeoise se rassemblèrent sur la place Bellecour, et se rendirent ensuite sur la place des Terreaux, ayant à leur tête M. Chaix, capitaine-colonel du quartier de place Confort. Dans cette revue, des épées d'honneur furent accordées à M. Rocoffort, capitaine du quartier de rue Thomassin, à M. de Saint-Didier, capitaine du quartier de Saint-Nizier, à M. Ribollet, capitaine du quartier de Pierre-Scise, enfin à M. Thève, capitaine du quartier de Porte-Froc. Des médailles d'argent furent également données à un très-grand nombre de sous-officiers vétérans. Après le défilé, au bas du perron de l'Hôtel-de-Ville, toutes les compagnies se rendirent en ordre sur la terrasse Saint-Clair, où elles se mirent en bataille, faisant face à l'hôtel de M. le prévôt des marchands. Les officiers en chef, placés avec leurs drapeaux en avant de leurs compagnies, firent élever un *Mai* à la porte de l'hôtel, et il fut attaché à ce mai un écusson richement décoré, portant les armoiries de M. Tolozan de Montfort, avec une légende au bas contenant ces mots : *Cives dilecto civi.* Cet hommage de la milice bourgeoise au chef de l'administration municipale eut lieu au bruit du canon, des tambours, des trompettes et d'une musique militaire des plus nombreuses. Après la revue, et quand toutes les compagnies se furent retirées dans leurs quartiers respectifs, un dîné splendide fut donné par M. le prévôt des marchands, dans son propre hôtel, à MM. les officiers et sous-officiers qui avaient reçus des récompenses. Dans ce repas un des officiers vétérans, le sieur Julien, chanta les couplets suivants faits par le poète Vasselier :

Montfort nous commande ;

Muse, en impromptu,
Le Corps le demande,
Chante sa vertu.
Il n'est plus d'alarmes,
Nous vivons en paix,
Jusque sous les armes
Vantons ses bienfaits

Du Dieu de la guerre
Plus d'un, parmi nous,
Lança le tonnerre
Et brava ses coups :
Mars qui nous anime
Ne sait point flatter :
Qui veut notre estime,
Doit la mériter.

Parle-t-on d'un homme
Soigneux et prudent,
Aussitôt on nomme
Notre commandant;
L'honneur dans sa route
Toujours le conduit,
Et, sans qu'il s'en doute,
La gloire le suit.

Prenons notre coupe,
Unissons nos voix;
Que toute la troupe
Boive à notre choix,
Et qu'on le couronne
Au bruit de nos chants?
Trompette raisonne;
Tambour, bats aux champs!

Cette année 1786 fut marquée, à Lyon, par un évènement très-grave, et dont beaucoup de personnes gardent encore le souvenir. Il s'agit de la grande révolte des ouvriers en soie, des ouvriers chapeliers et autres, qui éclata vers les premiers jours d'août. Avant cette révolte, quelques autres avaient éclaté à différentes reprises, surtout depuis le réglement du 1er octobre 1737, relatif à la manufacture des étoffes de soie. Le prétexte de ces révoltes était toujours une demande d'augmentation dans le prix des façons, et les autres ouvriers de la ville, manquaient rarement de joindre leurs réclamations à celles des ouvriers en soie, afin d'obtenir une augmentation dans le prix de leurs journées.

Notre mission n'est point de nous établir juge des différends survenus alors entre les ouvriers de nos fabriques et les industriels qui les faisaient travailler; nous avons seulement des faits à retracer, et nous remplirons notre tâche avec le plus de soin possible. Or, voici comment eut lieu la révolte de 1786, révolte dite des *deux sous.*

Au commencement du mois d'août, l'archevêque de Lyon, M. de Montazet, qui était en possession de faire payer annuellement aux marchands de vins en gros, ainsi qu'aux cabaretiers de la ville, un droit sur la vente du vin, demanda l'acquittement de ce droit et encore de tout ce qui pouvait être dû pour arrérages. Ce droit, qu'on nommait *droit de banvin*, était une modification de cet ancien *droit de banvin* par lequel les vieux seigneurs féodaux, pour écouler avec plus de facilité le vin de leurs récoltes, interdisaient à leurs vassaux ou censitaires, pendant la durée du mois d'août, la faculté de vendre leur propre vin.

Les cabaretiers et autres débitants refusant de satisfaire à la demande de l'archevêque, fermèrent leurs établissements, et cette détermination obligea le Consulat de rendre l'ordonnance suivante :

« Du jeudi 3 août 1786, en l'Hôtel commun de la ville de Lyon, y étant :

« Les prévôt des marchands et échevins, juges de la juridiction consulaire de la police des arts et métiers de ladite ville, vû les ordonnances de nos prédécesseurs qui ont enjoint aux cabaretiers, taverniers, traiteurs, aubergistes et vendeurs de vin à Lyon, de continuer de vendre, comme le passé, pendant le *ban d'août;* et comme les motifs de ces ordonnances subsistent encore en ce moment, après avoir ouï Marie-Pierre Prost, chevalier, avocat et procureur-général de cette ville et communauté, procureur du roi en la juridiction consulaire de la police des arts et métiers, ce réquérant;

« Nous, prévôt des marchands et échevins de ladite ville, ordonnons et enjoignons auxdits cabaretiers, taverniers, traiteurs, aubergistes et vendeurs de vin en cette ville, de continuer pendant le *ban d'août*, comme par le passé, la vente et débit de leurs vins, en se conformant d'ailleurs aux ordonnances de police, à peine contre les contrevenants d'être irrévocablement déchus de la faculté de vendre du vin.

« Enjoignons aux commissaires de police de tenir la main à l'exécution de notre présente ordonnance, laquelle sera imprimée et affichée partout où besoin sera, afin que personne n'en puisse prétendre cause d'ignorance.

« Fait à Lyon, etc. »

Cette ordonnance ayant trouvé beaucoup de récalcitrants, le consulat, extraordinairement assemblé, fut obligé de prendre la délibération qui suit :

« Le Consulat a rendu le 3 de ce mois une ordonnance qui enjoint aux cabaratiers, traiteurs et autres vendeurs de vin, de continuer, pendant le *ban d'août*, la vente et débit de leurs vins, à peine contre les contrevenants d'être déchus de la faculté de vendre du vin;

« Cette ordonnance a été affichée le même jour.

« Il a été constaté par des procès-verbaux qu'au préjudice de l'injonction portée par cette ordonnance, un très-grand nombre de cabaretiers n'ont pas ouvert leurs cabarets, et refusent de donner à boire, attendu qu'ils ne veulent pas s'assujettir au payement des arrérages demandés par monseigneur l'archevêque.

« Comme il résulte de cette cessation d'ouverture de cabarets une disette de vin dans la ville, que le peuple et les ouvriers, privés de cette denrée, peuvent se livrer à des murmures qui pourraient dégénérer en émeute ou sédition populaire, le Consulat s'est assemblé pour délibérer sur le parti à prendre dans cette circonstance.

« Il a été observé qu'il était impossible de condamner les contrevenants, parce que chacun des cabaretiers et vendeurs de vin sont en droit de représenter qu'ils n'ont pas ouvert leurs cabarets, parce qu'ils n'ont point de vin à vendre; qu'ils ne peuvent pas en acheter, parce qu'il n'y en a point sur les ports, et que les marchands de vin en gros n'en font point venir dans la ville, parce qu'ils ne veulent pas s'assujettir à payer un droit de permission aussi fort que celui que monseigneur l'archevêque veut exiger, et qu'ils craignent la saisie de leurs bateaux et de leurs vins par les préposés de monseigneur l'archevêque.

« Dans cet état, le Consulat, avant de statuer sur les procès-verbaux de contraventions, et après avoir ouï Marie-Pierre Prost, chevalier, avocat et procureur-général de cette ville et communauté, a prié et invité M. le prévôt des marchands de vouloir bien se rendre chez monseigneur l'archevêque pour conférer avec lui sur le danger et les inconvénients que présente l'exécution rigoureuse de son droit de *banvin*, et faire tout ce qui pourra dépendre de lui pour engager monseigneur l'archevêque à se départir des arrérages qu'il est autorisé à répéter, et d'autre part pour engager ce prélat à consentir lui-même à une modération sur le droit, et notamment sur celui de 12 livres auquel les marchands de vin en gros sont assujettis.

« Délibéré à Lyon, au Consulat, le samedi 5 août 1786. »

Le lundi 7, le Consulat vit toutes ses craintes se réaliser. Dès le point du jour, les ouvriers en soie, les chapeliers et autres, désertèrent leurs ateliers et se rendirent en masse au lieu des *Charpennes*, après avoir forcé et même désarmé les arquebusiers de la garde du Consulat, sur la place des Terreaux, ainsi qu'un détachement de la milice bourgeoise, qui était en station sur le port Saint-Clair. Installés dans les cabarets et les guinguettes de la banlieue, les révoltés, qui réclamaient depuis quelque temps une augmentation dans le prix de leurs salaires, prirent la résolution de ne rentrer en ville, et de ne se remettre au travail, que lorsque le Consulat leur aura fait connaître l'adhésion des fabricants et des manufacturiers aux demandes formées par eux.

Cependant le Consulat, de concert avec l'archevêque, travaillaient à rétablir la paix. Deux chanoines du chapitre de l'église primatiale, les comtes de Pingon et de La Madelaine, se rendirent aux Charpennes pour supplier les ouvriers de rentrer dans le devoir; les promesses qu'ils leur firent qu'aucun d'eux ne serait inquiété, la parole qu'ils leur donnèrent qu'on s'occuperait de les soulager dans leurs besoins, enfin quelque peu d'argent qu'ils eurent l'idée de distribuer aux principaux de cette foule mutinée, à ceux qui leur paraissaient avoir de l'influence sur elle, tout cela eut bientôt ramené le calme et la confiance dans les esprits : toutes ces bandes tumultueuses, menaçantes, se dispersèrent, et chacun ne tarda pas à rentrer en ville et à regagner son domicile.

Le mardi 8, fut affichée l'*ordonnance de commandement* que voici :

« Après avoir ouï Marie-Pierre Prost, chevalier, avocat et procureur général de cette ville et communauté, etc.

« Il est ordonné à tous les ouvriers, soit fabricants, soit chapeliers et à tous autres qui seraient sortis de leurs ateliers, de réintégrer dans le jour leurs ateliers et celui de leurs maîtres, défenses étant faites à toutes personnes de paraître assemblées dans les rues, cabarets et autres lieux publics de cette ville, en plus grand nombre que celui de cinq; le tout à peine par ceux qui contreviendront au présent ordre, d'être arrêtés sur-le-champ et punis suivant la rigueur des ordonnances.

« Enjoignons aux officiers de l'état-major, à ceux de la milice bourgeoise, de la compagnie franche, de celle du guet et des arquebusiers, de tenir la main à l'exécution de la présente ordonnance, laquelle sera imprimée et affichée partout où besoin sera.

« Fait à Lyon, au Consulat, par nous, prévôt des marchands et échevins susdits. »

Le même jour, sur la requête présentée au Consulat par les maîtres ouvriers à façon et compagnons de la fabrique d'étoffes d'or, d'argent et de soie, et communiquée aux maîtres gardes de cette communauté, le prix des façons des étoffes unies fut augmenté de *deux sous* par aune sur les taffetas 7/12, et sur les autres étoffes en proportion; enfin, sur la représentation des ouvriers approprieurs de la communauté des chapeliers, et le consentement des maîtres gardes, le prix de la journée, qui devait être de douze heures, fut établi sur le pied de *quarante sous*, avec défense à ces ouvriers de travailler pour leur compte ou pour d'autres que les maîtres et marchands de la communauté.

Le jeudi 10, une assez vive agitation régnait encore; le Consulat, ordonna de nouveau à tous les ouvriers de rentrer dans leurs ateliers, et il fit défense à toutes personnes de paraître assemblées au nombre de plus de cinq, sur les places, quais, ports et ponts, ainsi que dans les rues, cabarets et autres lieux publics; il fut pareillement enjoint à tous les citoyens que la curiosité pourrait porter dans les différents quartiers de la ville, et qui, par là, sans mauvaise intention, augmenteraient la foule et la confusion, de se conformer exactement à l'ordre du Consulat, afin de ne pas encourir les rigueurs destinées par l'autorité aux perturbateurs de la tranquillité publique.

Ce fut dans la soirée de cette journée que les attroupements formés sur la place des Terreaux eurent à essuyer quelques coups de fusil tirés par les cavaliers de la maréchaussée; deux ou trois personnes au plus reçurent la mort, et le nombre des blessés fut assez peu considérable. Vers la nuit close, deux compagnons chapeliers, Jacques Nérin et Pierre Sauvage, ainsi qu'un ouvrier en soie nommé Joseph-Antoine Dapiano, lesquels avaient fait partie du rassemblement des *Charpennes*, et qui y étaient restés à boire et à s'enivrer dans les cabarets, se présentèrent au pont Morand et prétendirent le passer sans payer. Arrêtés par les gardes du pont, deux de ces étourdis, Nérin et Dapiano, furent conduits à l'Hôtel-de-Ville et mis au *charbonnier* (1), où ils restèrent jusqu'au lendemain matin. Transférés de très-bonne heure à la prison de Roanne, ils parurent ensuite devant la prévôté, qui, malgré l'intercession des comtes de Saint-Jean, les jugea sans désemparer et les condamna à mort. A l'égard de Pierre Sauvage, qui s'était échappé des mains des gardes du pont Morand, arrêté à Bourgoin par la maréchaussée, il fut ramené aussitôt à Lyon; mis en jugement le 12, le malheureux n'eut pas un sort différent de celui de ses camarades, et tous les trois furent exécutés dans la soirée du même jour (2). M. le comte de Clugny, qui s'était adressé à M. le baron d'Izeron, prévôt général de la maréchaussée, pour le supplier d'accorder un sursis, et qui croyait fermement l'avoir obtenu, fut d'autant plus surpris de la diligence apportée par le grand prévôt à faire exécuter les deux jugements, que, peu d'heures après, des lettres de grâce, demandées au roi par les comtes de Saint-Jean, arrivèrent de Paris. Ayant rencontré M. d'Izeron, le len-

(1) Le *Charbonnier* était une petite pièce attenante au corps de garde des arquebusiers du Consulat, et qui servait alors de *Violon*. Ce n'est que depuis la Terreur, que les caves de l'Hôtel-de-Ville ont été employées à recevoir des prisonniers. Le corps de garde des arquebusiers est occupé aujourd'hui par la troupe de ligne de service à l'Hôtel-de-Ville.

(2) La condamnation *à mort* de Sauvage, de Nérin et de Dapiano fut un grand acte d'iniquité. Ils avaient passé toute la journée du 10 aux *Charpennes*, et ils n'étaient point en contravention aux deux ordonnances rendues par le Consulat, au sujet des rassemblements formés sur la voie publique et dans l'intérieur de la ville. Le seul tort qu'on pouvait leur reprocher, c'était d'avoir voulu se soustraire au payement du passage du pont Morand, et ce tort, assurément fort léger, ne méritait qu'une punition *correctionnelle*. On est devenu aujourd'hui beaucoup plus raisonnable.

demain, sur le pont du Change, M. le comte de Clugny lui reprocha très-amèrement son manque de parole. Le baron voulut essayer de se justifier; mais M. de Clugny, transporté d'indignation, refusa de l'entendre et lui donna un soufflet. Un duel suivit immédiatement cette scène : atteint d'un profond coup d'épée, le prévôt général expira presque sur-le-champ. Une chose encore très-déplorable dans cette triste affaire, ce fut l'insigne faiblesse de la juridiction de la police qui, en possession par l'édit de 1699, l'arrêt du conseil de 1702, l'édit de 1705 et l'arrêt du conseil de 1709, du droit de connaître de toutes les séditions et émeutes populaires, laissa pourtant agir le prévôt, ce qui n'avait pas eu lieu dans les émeutes arrivées au collége de la Trinité, à la Grenette et à la porte de la salle des spectacles.

Les journées du 13 et du 14 août se passèrent fort tranquillement; mais le Consulat, trouvant qu'il existait toujours une sorte de mécontentement et d'indocilité chez les ouvriers, et prévenu qu'un assez grand nombre d'entr'eux avait pris le parti de s'éloigner de la ville, dans la crainte d'être recherchés par l'autorité, écrivit au commandant du Pont-de-Beauvoisin et à celui du fort l'Ecluse pour le prier de s'opposer au passage de tous les ouvriers qui se présenteraient, et de les contraindre par tous les moyens à revenir à Lyon, afin d'y reprendre leurs travaux. Le 15, un escadron des chasseurs du *Gévaudan*, un bataillon du régiment de *Royal-la-Marine* et le 2e bataillon du régiment de *Lafère*, artillerie, firent leur entrée en ville. Les chasseurs à pied et à cheval prirent poste à la Guillotière, le bataillon d'infanterie s'établit à la Croix-Rousse, et le bataillon d'artillerie occupa Vaise. Parmi les officiers de ce bataillon, était le jeune sous-lieutenant Bonaparte, qui ne se doutait pas alors des hautes destinées qui l'attendaient. Il ne quitta Lyon, avec son bataillon, que le 21 septembre, après avoir logé tout le temps dans la maison possédée aujourd'hui par Mme Ve Blanc, à la montée de Montribloud.

Le 29 décembre 1786, le roi, à l'issue du conseil des dépêches, ayant déclaré que son intention était de convoquer une assemblée composée de personnes de diverses conditions et des plus qualifiées de son état, pour leur communiquer ses vues sur les moyens les plus propres à rétablir l'ordre dans les finances de son royaume, à corriger les abus et procurer à ses peuples un vrai soulagement, une liste de ces personnes fut faite par Sa Majesté elle-même et remise aux secrétaires d'état chargés du département des provinces, afin qu'ils expédiassent les lettres de convocation. Les notables personnes, portées sur cette liste étaient au nombre de cent quarante-quatre, dont sept princes du sang, neuf ducs et pairs, huit maréchaux de France, vingt-deux lieutenants-généraux ou maréchaux des camps et armées du roi, douze conseillers d'état, onze archevêques ou évêques, trente-trois magistrats de cours souveraines, deux officiers de la cour des comptes, deux de la cour des aides, douze députés des pays d'état, un lieutenant civil, celui de la prévôté et vicomté de Paris, enfin vingt-cinq chefs municipaux des principales villes du royaume, Paris, Lyon, Marseille, Bordeaux, Rouen, Toulouse, Strasbourg, Lille, Nantes, Metz, Nancy, Montpellier, Valenciennes, Rheims, Amiens, Troyes, Caën, Orléans, Bourges, Tours, Limoges, Montauban, Clermont et Bayonne.

Louis Tolozan, prévôt des marchands de Lyon, reçut donc du roi la lettre qui suit :

« Cher et bien Amé, ayant résolu de communiquer à une assemblée de personnes de diverses conditions de notre royaume, les vues que nous avons pour le soulagement de nos peuples, l'ordre de nos finances et la réformation de plusieurs abus, notre intention est que vous vous rendiez à Versailles pour le 29 de janvier prochain 1787, jour auquel nous avons fixé l'ouverture de ladite assemblée, pour y assister et entendre ce qui sera proposé de notre part, et nous sommes assuré que vous nous y donnerez de nouvelles preuves de votre fidélité et de votre zèle pour notre service.

« Donné à Versailles, le 29 décembre 1786.

« LOUIS. »

L'ouverture de l'assemblée des notables n'ayant pu avoir lieu pour le jour indiqué, elle fut renvoyée définitivement au 22 du mois suivant. Le roi, entrant dans l'assemblée, alla se placer à son trône, sur une estrade élevée de deux marches, et couverte d'un tapis de pied de velours tanné avec des fleurs de lys d'or sans nombre; le trône de sa majesté était surmonté d'un dais violet parsemé de fleurs de lys, et le roi avait deux carreaux sous ses pieds. Les princes du sang étaient placés sur des pliants disposés à droite et à gauche du trône. Après s'être assis, avoir ôté et remis son chapeau, le roi dit à l'assemblée :

« Messieurs, je vous ai choisis dans les différents ordres de l'état, et je vous ai rassemblés autour de moi pour vous faire part de mes projets.

« C'est ainsi qu'en ont usé plusieurs de mes prédécesseurs, et notamment le chef de ma branche, dont le nom est resté cher à tous les Français, et dont je me ferai gloire de suivre toujours les exemples.

« Les projets qui vous seront communiqués sont grands et importants : d'une part, améliorer les revenus de l'état, et assurer leur libération entière par une répartition plus égale des impositions ; de l'autre, libérer le commerce des différentes entraves qui en gênent les mouvements, et soulager, autant que les circonstances me le permettent, la partie la plus indigente de mes sujets. Telles sont, Messieurs, les vues dont je me suis occupé et auxquelles je me suis fixé après le plus mûr examen. Comme elles tendent toutes au bien public, et connaissant le zèle dont vous êtes animés pour mon service, je n'ai pas craint de vous consulter sur leur exécution ; j'entendrai et j'examinerai attentivement les observations dont vous les croirez susceptibles. Je compte que vos avis, concourant tous au même but, s'accorderont facilement, et qu'aucun intérêt particulier ne s'élèvera contre l'intérêt général. »

Le roi ayant cessé de parler, le garde des sceaux de France, M. Hüe de Miroménil, dit :

. . . .

« Sa majesté est convaincue, par une étude approfondie des avantages et des ressources de la France, ainsi que par l'expérience que douze années de règne lui ont acquise, que les moyens les plus sûrs de parvenir au but désiré sont de rendre plus exacte et plus équitable la répartition des subsides indispensables pour subvenir aux chances de l'état ; de rendre la perception plus simple et moins onéreuse ; de choisir, par un juste discernement, les genres d'impositions qui tombent le moins sur la classe de ses sujets la plus indigente; d'assurer à jamais le gage des dettes de l'Etat; d'en diminuer la masse par les effets d'une sage économie; enfin de se préparer des ressources pour repousser, sans être obligé de surcharger ses sujets, les efforts d'ennemis étrangers qui voudraient un jour troubler la paix que Sa Majesté a donnée à l'Europe.

« C'est pour vous consulter, Messieurs, sur ces grands objets que le roi vous a choisis : je n'ai pas besoin de vous faire sentir le prix de la confiance dont Sa Majesté vous honore, je vois dans vos yeux la reconnaissance dont vos ames sont pénétrées.

« Ministres d'une religion sainte que les rois prédécesseurs de Sa Majesté ont toujours défendue, et qu'elle ne cessera jamais de protéger, vous avez reconnu dans tous les temps que c'est de la munificence du souverain que vous tenez les biens attachés à vos églises, et vous vous êtes toujours portés avec zèle à contribuer aux besoins de l'Etat.

« Et vous, Messieurs, qui, à l'exemple de vos ancêtres, ne connaissez d'autre bonheur et d'autre gloire que de verser votre sang pour la défense du roi et de l'Etat, vous qui savez réunir à cette haute valeur dont vos races tiennent leur illustration, la sagesse dans les conseils, lorsque Sa Majesté vous y appelle.

« Magistrats, qui partagez le dépôt précieux de la portion la plus essentielle de l'autorité royale, qui présidez aux jugements de ces corps recommandables dont le ministère consiste non-seulement à protéger la veuve et l'orphelin, et à rendre une exacte justice, mais encore à éclairer la religion du monarque sur tout ce qui intéresse le bien de son service.

« Vous enfin, chefs zélés de ces cités toujours fidèles, toujours affectionnées à leur auguste souverain ;

« Le roi compte, Messieurs, que vous vous réunirez tous, afin de donner à sa majesté, par la sagesse de vos avis, de nouvelles preuves de votre respect, de votre amour et de votre zèle. »

M. de Calonne, contrôleur général des finances du royaume, prenant ensuite la parole, mit sous les yeux de l'assemblée la situation des finances de la France à la fin de 1783, époque à laquelle il fut appelé au ministère.

« Toutes les caisses étaient vides, dit-il, tous les effets publics baissés, toute circulation interrompue ; l'alarme était générale et la confiance détruite, il n'y avait ni argent ni crédit.

. . . .

« Aujourd'hui l'argent est abondant, le crédit est rétabli, les effets publics sont remontés, leur négociation est fort active. La caisse d'escompte a repris toute la faveur qui lui est dûe, et qui ne pourra que s'accroître par l'extension de son utilité. Les billets des fermes et tous les autres genres d'assignation sont en pleine valeur. Les dettes de la guerre sont acquittées, tout l'arriéré est soldé, toutes les dépenses sont au courant. Le payement des rentes n'éprouve plus le moindre retard, il est enfin ramené au jour même des échéances, et quarante-huit millions d'extraordinaire ont été employés à cet utile rapprochement qu'on n'avait pas encore vu et qu'on n'osait espérer. Trente-deux millions du restant des rescriptions suspendues sous le dernier règne, ont été remboursés avant leur terme, et leur nom, qui était un scandale en finance, n'existe plus. Les remboursements à époques, dont j'ai trouvé le trésor royal surchargé, s'effectuent à jour nommé, et la liquidation des dettes de l'Etat s'opère annuellement, ainsi que Sa Majesté l'a réglé par son édit de 1784, constitutif du salutaire et inébranlable établissement de la caisse d'amortissement.

. . . .

M. le contrôleur général énuméra ensuite une foule d'importantes opérations, d'utiles travaux terminés, commencés ou à entreprendre, comme les travaux du port de Cherbourg, ceux du Hâvre, de la Rochelle, de Dunkerque et de Dieppe; l'ouverture de canaux sur divers points du royaume, l'extension donnée à l'administration des ponts et chaussées, la protection signalée accordée à plusieurs établissements de grande importance, tels que celui des forges de Mont-Cenis et celui de la pêche de la baleine; les encouragements donnés à la nouvelle compagnie des Indes, aux sociétés d'agriculture, à l'exploitation des mines, les embellissements de Marseille, de Bordeaux, de Lyon, de Nîmes, d'Aix, de Paris. Arrivant enfin à l'état des recettes et des dépenses du trésor public, il avoua que, depuis 1776, il existait chaque année un déficit plus ou moins grand, qu'il était temps de renoncer aux palliatifs auxquels on avait cru devoir recourir jusque là, qu'il fallait employer des moyens directs pour sortir de la crise, des moyens énergiques, les seuls vraiment efficaces. *Toujours emprunter,* c'eût été aggraver le mal; *imposer plus,* c'eût été accabler les peuples que le roi voulait soulager; *anticiper encore,* on ne l'avait que trop fait; *économiser,* jamais on ne s'était montré plus économe que sous l'administration du roi régnant; *manquer à ses engagements,* le cœur et la justice du prince n'y auraient point consenti.

Que restait-il donc pour combler le vide dont on se

plaignait et, faire trouver le niveau désiré ? que restait-il qui fût capable de procurer tout ce qu'il fallait pour la restauration des finances du royaume ? LES ABUS.

« Oui, Messieurs, dit le ministre, c'est dans les abus mêmes que se trouve un fonds de richesses que l'Etat a droit de réclamer, et qui doivent servir à rétablir l'ordre ; c'est dans la proscription des abus que réside le seul moyen de subvenir à tous les besoins ; c'est du sein même du désordre que doit jaillir une source féconde qui fertilisera toutes les parties de la monarchie.

« Les abus ont pour défenseurs l'intérêt, le crédit, la fortune et d'antiques préjugés que le temps semble avoir respectés ; mais que peut leur vaine confédération contre le bien public et la nécessité de l'Etat ?

« Le plus grand de tous les abus serait de n'attaquer que ceux de moindre importance, ceux qui n'intéressant que les faibles, n'opposent qu'une faible résistance à leur réformation, mais dont la réformation ne peut produire une ressource salutaire.

« Les abus qu'il s'agit aujourd'hui d'anéantir pour le salut public, ce sont les plus considérables, les plus protégés, ceux qui ont les racines les plus profondes et les branches les plus étendues.

« Tels sont les abus dont l'existence pèse sur la classe productive et laborieuse, les abus des priviléges pécuniaires, les exceptions à la loi commune et tant d'exemptions injustes qui ne peuvent affranchir une partie des contribuables qu'en aggravant le sort des autres.

« L'inégalité générale dans la répartition des subsides et l'énorme disproportion qui se trouve entre les contributions des différentes provinces et entre les charges des sujets d'un même souverain ;

« La rigueur et l'arbitraire de la perception de la taille;

« La crainte, les gênes et presque le déshonneur imprimés au commerce des premières productions;

« Les bureaux de traites intérieures et ces barrières qui rendent les diverses parties du royaume étrangères les unes aux autres;

« Les droits qui découragent l'industrie, ceux dont le recouvrement exige des frais excessifs et des préposés innombrables, ceux qui semblent inviter à la contrebande, et qui, tous les ans, font sacrifier des milliers de citoyens;

« Le dépérissement du domaine de la couronne et le peu d'utilité que produisent ses faibles restes;

« La dégradation des forêts du roi et les vices de leur administration;

« Enfin tout ce qui altère les produits, tout ce qui affaiblit les ressources du crédit, tout ce qui rend les revenus insuffisants et toutes les dépenses superflues qui les absorbent;

« Si tant d'abus, sujets d'une éternelle censure, ont résisté jusqu'à présent à l'opinion publique qui les a proscrits, et aux efforts des administrateurs qui ont tenté d'y remédier, c'est qu'on a voulu faire, par des opérations partielles, ce qui ne pouvait réussir que par une opération générale; c'est qu'on a cru pouvoir réprimer le désordre sans en extirper le germe; c'est qu'on a entrepris de perfectionner le régime de l'Etat, sans en corriger les discordances, sans le ramener au principe d'uniformité qui peut seul écarter toutes les difficultés de détail et revivifier le corps entier de la monarchie.

« Les vues que le roi vient vous communiquer tendent toutes à ce but : ce n'est ni un système, ni une invention nouvelle; c'est le résumé, et, pour ainsi dire, le ralliement des projets d'utilité publique conçus depuis longtemps par les hommes d'état les plus habiles, souvent présentés en perspective par le gouvernement lui-même, dont quelques-uns ont été essayés en partie, et qui tous semblent réunir les suffrages de la nation; mais dont jusqu'à présent l'entière exécution avait paru impraticable par la difficulté de concilier une foule d'usages locaux, de prétentions, de priviléges et d'intérêts opposés les uns aux autres.

. . . .

Le discours de M. de Calonne, que l'on peut regarder comme un chef-d'œuvre, un monument du plus sage libéralisme, fut écouté par les notables avec une sévère attention, mais il ne les convainquit pas.

Dans la séance du lendemain (1), le contrôleur général fit lecture à l'assemblée de six mémoires de la plus haute importance : 1° sur *l'établissement des assemblées provinciales*, 2° sur *l'imposition territoriale*, 3° sur *le remboursement des dettes du clergé*, 4° sur *l'impôt de la taille*, 5° sur *le commerce des grains*, 6° sur la *corvée*. Ces mémoires ne formaient que la première division du travail dont l'assemblée des notables devait s'occuper.

La seconde division se composait d'un mémoire sur la levée des barrières intérieures et le renvoi de tous les bureaux de douanes à la frontière, de quatre autres mémoires sur la suppression de différents droits indirects,

(1) L'assemblée des notables s'était formée en sept bureaux présidés chacun par un prince du sang.

Le premier bureau, présidé par Monsieur, comte de Provence, frère du roi, se composait de vingt-un membres, parmi lesquels on comptait le préteur royal de Strasbourg, le prévôt des marchands de Lyon, le maire de Marseille et celui de Rouen.

d'un mémoire sur la régularisation des droits payés à l'entrée des denrées coloniales, d'un mémoire sur la culture du tabac en France, enfin d'un mémoire sur la gabelle.

La troisième division du travail était relative à l'administration des domaines royaux, à celle des eaux et forêts.

La quatrième division traitait de l'extension du droit du timbre, des remboursements à époques fixes, de la caisse d'escompte, de l'établissement d'un nouveau comité du conseil pour l'administration générale de l'agriculture et du commerce.

Les séances de l'assemblée des notables furent au nombre de six, et cette assemblée se sépara sans avoir rien décidé. Dans l'intervalle de la quatrième séance à la cinquième, M. Hüe de Miroménil et M. de Calonne donnèrent leur démission. Le premier fut remplacé par le président de Lamoignon, et le second par le conseiller d'état Bouvard de Fourqueux. Dans l'intervalle de la cinquième séance à la sixième, M. de Fourqueux donna sa démission, et le roi le remplaça par l'archevêque Loménie de Brienne, dont les projets de finances échouèrent au parlement peu de temps après, échec qui donna lieu à la convocation des états généraux du royaume.

Au retour de Louis Tolozan de son voyage à Versailles, sur la proposition du Consulat, et par une ordonnance du roi du 18 mai 1787, l'uniforme de la garde et milice bourgeoise de Lyon, assez indéterminé jusqu'à cette époque, fut invariablement fixé. L'habillement des capitaines, lieutenants, sergents, caporaux, enseignes et gardes de vingt-sept quartiers, fut composé d'un habit bleu de roi, doublure, veste et culottes blanches, boutons surdorés, timbrés de trois fleurs de lys surmontées par un lion couronné; le vingt-huitième quartier, celui de Saint-Nizier, eut, on ne sait trop pourquoi, un habit écarlate. L'habit des officiers fut entouré d'une riche broderie en or, les sergents portèrent un double rang de galon en or sur les parements, et les caporaux un seul rang. Le capitaine de la compagnie du quartier de la place Confort, qui était la compagnie *Colonnelle*, fut autorisé à porter deux épaulettes en forme de trefle, sans franges, brodées or en paillettes et bouillons. Tous les autres officiers portèrent sur l'épaule gauche une seule épaulette pareille à celles dont il vient d'être parlé, et sur l'épaule droite une contre-épaulette. Les sergents et caporaux eurent deux contre-épaulettes or et soie blanche, sans franges et autres ornements accessoires.

Chaque compagnie conserva la couleur particulière de son drapeau, laquelle était commune aux cocardes et aux plumets. La compagnie *Colonelle* était la seule dont le drapeau, les plumets et les cocardes fussent de couleur blanche. Dans toutes les autres compagnies, le drapeau présentait le plus souvent un mélange de plusieurs couleurs. Chaque drapeau portait une devise en *latin*. Ainsi, on lisait sur celui de la compagnie du quartier des Terreaux, qui était violet et blanc, et sur lequel on voyait une croix blanche gardée par un lion : *pro hostibus ferox, pro amicis mitis*. Le drapeau du quartier de Saint-Jean était blanc et cramoisi, et il portait pour devise : *Mars Themidis auxilium ;* sur celui du quartier de la place Neuve, on lisait : *Juri et armis ministrat.*

Les soins de Louis Tolozan ne se bornèrent pas à régulariser la milice bourgeoise et à entretenir son zèle pour le service du roi et de la ville, il s'occupa encore de faire donner une nouvelle organisation à la compagnie du *guet*, et il en fit augmenter considérablement la force. Cette compagnie, qui n'était que de cinquante hommes à pied, datait à Lyon de l'année 1565, par édit du roi Charles IX du mois d'octobre; elle avait un chevalier capitaine, un lieutenant, un sous-lieutenant, deux sergents, un greffier contrôleur et un trésorier. Les charges de capitaine et de lieutenant étaient constituées en titre d'office.

L'agrandissement de la ville de Lyon et l'augmentation de sa population, ayant démontré que la compagnie du guet, laquelle était placée sous les ordres du gouverneur et de ceux qui commandaient à Lyon en son absence, ne pouvait plus remplir les vues importantes qui avaient donné lieu à sa création, le roi, sur le compte qui lui fut rendu de l'état de cette compagnie, sentit la nécessité d'y faire de notables changements, en conséquence de l'ordonnance de Sa Majesté, du 30 avril 1787, la compagnie fut composée ;

1° D'un capitaine, commandant sous les ordres du gouverneur et des prévôt des marchands et échevins, ayant comme auparavant le titre de *chevalier du guet*.

2° D'un lieutenant, d'un sous-lieutenant en premier et d'un sous-lieutenant en second.

3° D'un corps d'infanterie de cent hommes, savoir : un sergent-major, un fourrier, cinq sergents, dix caporaux, dix appointés, deux tambours et un fifre, et soixante-dix fusiliers.

4° D'un corps de cavalerie de trente-un hommes, savoir : un maréchal des logis, six brigadiers et vingt-quatre cavaliers. Si, par la suite, le besoin du service l'eût exigé, ce corps de cavaliers pouvait être porté à cinquante-deux hommes, par l'augmentation d'un maréchal des logis, de quatre brigadiers et de seize cavaliers.

La compagnie, ainsi composée, forma, pour l'infanterie, cinq escouades, chacune d'un sergent, deux caporaux, deux appointés et quatorze fusiliers; et, pour la cavalerie, six bigades, chacune d'un brigadier et quatre cavaliers.

Le roi se réserva pour toujours la nomination du chevalier du guet, sur la présentation qui lui en serait faite par le gouverneur de la ville de Lyon, d'après la proposition des prévôt des marchands et échevins. La volonté du roi fut encore qu'à l'avenir il ne lui fût présenté, pour la place de chevalier du guet, que d'anciens officiers, pourvus du grade de capitaine, ayant servi dans ses troupes pendant au moins vingt ans, et, autant que possible, ayant, par la distinction ou l'ancienneté de leurs services, obtenu la croix de Saint-Louis.

La nomination du lieutenant et des deux sous-lieutenants fut laissée aux prévôt des marchands et échevins, et ils durent être choisis parmi d'autres officiers ayant servi au moins dix ans dans les troupes royales. La nomination des sous-officiers, tant de l'infanterie que de la cavalerie, appartint au chevalier capitaine du guet. L'avancement fut reglé sur la bonne conduite, l'intelligence, l'ancienneté et l'utilité des services. Tout soldat du guet devait avoir servi huit ans au moins dans les troupes du roi, et être pourvu de *congé absolu* en bonne forme; il devait être en outre d'une bonne constitution apparente, non marié, au-dessous de l'âge de quarante ans, de la taille de cinq pieds quatre pouces pour l'infanterie, et de cinq pieds cinq pouces pour la cavalerie.

Le traitement du chevalier capitaine du guet fut fixé à trois mille livres par an, celui du lieutenant à quinze cents livres, celui du sous-lieutenant en premier à douze cents livres, enfin celui du sous-lieutenant en second à neuf cents livres.

A l'égard de la solde de la compagnie, elle fut ainsi réglée :

Infanterie.

Au sergent-major, trente sous par jour.

Au fourrier, vingt-huit sous.

A chacun des cinq sergents, vingt-quatre sous.

A chacun des dix caporaux, quatorze sous.

A chacun des dix appointés, douze sous six deniers.

A chacun des deux tambours et au fiffre, douze sous.

A chacun des soixante-dix fusiliers, douze sous.

Cavalerie.

Au maréchal des logis, trente sous par jour.

A chacun des dix brigadiers, vingt-deux sous.

A chacun des vingt-quatre cavaliers vingt sous.

Le traitement des officiers, sous-officiers et soldats de la compagnie du guet était à la charge de la ville et payé par le trésorier des deniers communs, sous la retenue de deux sous par jour sur la solde des sous-officiers et soldats, pour former une masse d'habillement, linge et chaussure, comme dans les troupes du roi. Le produit du casuel de la garde des spectacles, des bals, de l'escorte des processions et de tout autre service fait par le guet, devait être journellement versé entre les mains du chevalier capitaine, pour être ensuite distribué, soit au guet à pied, soit au guet à cheval.

L'habillement de la compagnie fut composé d'un grand uniforme et d'un petit.

Le grand uniforme consistait en un habit de drap bleu, revers et parements blancs, garnis d'un passe-poil rouge;

collet droit rouge, garni d'un passe-poil blanc ; la patte des poches placée en long, garnie de trois gros boutons et d'un passe-poil blanc ; les revers garnis de sept petits boutons et de trois gros en dessous ; les boutons de métal blanc, timbrés d'une étoile dans le milieu, et environnés d'un collier d'ordre garni de cinq fleurs de lys ; la veste et la culotte blanches ; le chapeau uni, surmonté au dessus de la gance d'une houppe de laine blanche pour l'infanterie, et rouge pour la cavalerie.

Le petit uniforme consistait en un surtout, doublure et parements blancs, collet droit rouge, passe-poil blanc, avec six gros boutons blancs sur le devant, dont un au dessous du collet, deux au devant de la poitrine, et trois au dessous ; veste et culottes bleues.

L'habit des tambours et du fifre était galonné sur les tailles à la livrée du roi.

Le chevalier capitaine du guet avait pour toute arme une épée ; les autres officiers étaient armés de fusils uniformes avec leurs bayonnettes, et d'épées qu'ils portaient en baudrier ; ils avaient la giberne et le hausse-col. Les sous-officiers et soldats d'infanterie de la compagnie étaient armés d'un fusil avec sa bayonnette ; ils avaient la giberne, et ils portaient un sabre de grenadier en baudrier. Les sous-officiers et cavaliers de la compagnie étaient armés d'une paire de pistolets d'arçon, et ils portaient un grand sabre en ceinturon. L'engagement dans la compagnie était de huit années, pour lequel chaque homme admis recevait trente livres ; il était payé douze livres pour chaque réengagement de huit ans, et six livres pour chaque réengagement de quatre ans.

Telle fut la nouvelle composition et organisation de la compagnie du guet, instituée à Lyon pour veiller la nuit et le jour au repos et à la sûreté de ses habitants, et prêter main-forte à la justice.

L'année 1787 fut une année très-malheureuse pour l'industrie lyonnaise et pour les ouvriers de la fabrique de soieries. Le jeudi, 19 juillet, le Consulat prit une délibération du plus haut intérêt, et dont nous citerons le passage suivant :

« Les prévôt des marchands et échevins de la ville de Lyon, très-particulièrement instruits que la dernière récolte des soies a presque totalement manqué dans le royaume, dans le Piémont et dans l'Italie, que la cherté excessive de cette matière première, qui est une suite inévitable de la disette, ôte aux marchands fabricants en étoffes de soie la possibilité de s'en pourvoir, et va les mettre incessamment dans la nécessité de diminuer une grande partie de leur fabrication, que déjà plusieurs d'entre eux ont considérablement réduit le nombre de leurs ouvriers, et que bientôt ils se verront forcés de n'en employer que le plus petit nombre.

« Allarmés des suites d'un événement aussi malheureux, qui ne peut manquer de plonger dans une inaction totale et dans la plus affreuse misère une multitude d'individus qui ne subsistent que par le travail de cette manufacture, nous ne saurions trop tôt prendre des précautions pour conserver dans l'enceinte de nos murs des bras aussi précieux, et leur procurer les moyens d'y subsister jusqu'au temps où une récolte abondante, ou une diminution du prix de cette matière première permettra de rendre à la fabrication toute son activité.

« Mais en même temps nous ne devons pas perdre un instant pour nous occuper des moyens de faire subsister ceux de ces ouvriers que la circonstance laissera absolument sans travail ; il n'est pas moins intéressant d'examiner s'il ne serait pas possible de les occuper à un autre genre de travail qui, s'il ne leur procure pas le même salaire, les garantira au moins de l'oisiveté, et leur empêchera d'en contracter l'habitude.

« Si l'état des finances de la ville pouvait supporter des sacrifices considérables, l'administration n'hésiterait pas de les faire ; mais, forcée elle-même à la plus sévère économie, elle ne peut espérer de trouver le secours que la circonstance pressante exige que dans le zèle et les bonnes dispositions des citoyens de tous les ordres de cette ville, dans les bontés du gouverneur, en leur présentant le tableau touchant de la calamité qui menace cette ville.

. . . .

En conséquence, il fut arrêté que les maîtres-gardes syndics de la communauté des fabricants en étoffes de soie seraient priés et autorisés à convoquer une assemblée de tous les maîtres-marchands de cette communauté, pour y délibérer d'ouvrir une souscription en faveur des ouvriers sans travail, à laquelle souscription le Consulat prit l'engagement de concourir, se réservant pourtant de déterminer ensuite la forme à lui donner, d'indiquer l'emploi des deniers qui en proviendraient, et les moyens de les faire servir utilement jusqu'au jour où des circonstances plus favorables auraient permis aux marchands-fabricants de rendre à la manufacture des étoffes de soie toute son activité.

Cette souscription fut ouverte dans le courant du mois de septembre. Les syndics et maîtres-gardes de la fabrique et MM. Fromental frères, notaires, reçurent les souscriptions ; les deniers étaient versés entre les mains de

M. Drégraix, conseiller de ville, ancien trésorier de l'Hôtel-Dieu, et ils étaient retirés au fur et à mesure d'emploi. Les secours furent nombreux, et Louis Tolozan ne négligea rien pour exciter le zèle des cœurs bienfaisants : deux fois, à l'ouverture de la Loge des Changes, il prit la parole en faveur des malheureux ouvriers, exposa le tableau de leur affreuse détresse, et sa voix généreuse ne se fit pas entendre en vain.

« Un autre objet, non moins intéressant pour notre commerce et pour notre ville, dit-il dans le discours qu'il prononça pour l'ouverture du *payement des saints*, doit particulièrement, Messieurs, fixer vos regards : c'est cette classe d'hommes malheureux, victimes en ce moment des circonstances les plus désastreuses, et qui ont tant de droits à la bienfaisance publique.

« A peine une souscription a-t-elle été ouverte en leur faveur, que notre souverain, dont le cœur s'émeut à l'aspect de l'infortune, a voulu y contribuer; c'est son exemple qu'il nous donne à suivre; c'est son exemple qui nous offre un motif de plus à ajouter à tous ceux qui doivent forcer notre compassion et en déterminer les effets.

« Des étrangers ont souscrit; et lorsqu'il s'agit d'une dette publique, d'une dette personnelle, l'universalité de nos concitoyens pourrait-elle ne pas se hâter de développer les efforts énergiques du patriotisme et du devoir? Plusieurs d'entre eux pourraient-ils, insensibles aux accents de la misère et de la douleur, rester dans l'indécision, peut-être même dans l'indifférence? la religion et l'humanité la réprouvent, et leur propre intérêt la condamne.

« Au milieu d'une crise déchirante qui ne présente à l'esprit que de tristes réflexions, qui n'offre que des tableaux de douleur, où est le citoyen assez dur pour ne pas contribuer au soulagement des ouvriers de nos manufactures? Où est celui qui ne sera pas vivement touché du triste état où ils sont réduits? Où serait le barbare égoïste qui se refuserait au sacrifice de quelque portion de son luxe et de son aisance?

. . . .

« Toutes les classes de citoyens que cette ville renferme sont indivisiblement unies les unes aux autres, toutes ont un intérêt plus ou moins direct à voir le commerce fleurir par l'activité de nos manufactures : c'est alors que la consommation facilite le débit des denrées et la circulation du numéraire, et que les locations maintiennent les propriétés en valeur. Ainsi, la différence d'état, d'occupation et de rang, n'est donc pas même un prétexte pour s'affranchir d'une dette essentielle et générale.

« Mais pourquoi parlerais-je d'obligation à qui il ne faut que rappeler les heureux sentiments de piété et de bienfaisance?

« Que pourrais-je ajouter, Messieurs, à la lettre édifiante et pastorale qu'un prélat qui a tant de droits à notre vénération s'est empressé de publier? Son éloquence naturelle, animée encore en ce moment par son zèle et sa charité, a dû triompher de l'insensibilité et de l'égoïsme, et quiconque aura lu la lettre pastorale, aura souscrit (1).

. . . .

Au mois de juillet de l'année 1788, arrivèrent à Lyon,

(1) Au mois de mars 1788, la ville de Lyon fut autorisée par le gouvernement à faire un emprunt de 300,000 livres pour venir au secours des ouvriers en soie sans travail. Le trésorier de la ville, Alexis-Antoine Regny, fit l'avance

accompagnés de M. Monneron, capitaine de la corvette du roi *l'Aurore*, et de M. Piveront de Morlat, commissaire du gouvernement, trois ambassadeurs du célèbre et Malheureux Nabab Tippoo Saïb, souverain des royaumes de Maissour, Canara, Calicut, Bisnagar et Travançor, dans la presqu'île de l'Inde (1). Informé par les feuilles publiques de l'arrivée à Toulon de ces ambassadeurs, mais n'ayant reçu aucun ordre, aucune invitation des ministres du roi, ni de la part du gouvernement, pour la réception à leur faire, pour les honneurs à leur rendre, à leur passage à Lyon, le Consulat se reposa entièrement sur les soins de Louis Tolozan, chargé du commandement de la ville, et il s'en rapporta aux précautions qu'il jugerait convenable de prendre dans une circonstance aussi rare qu'extraordinaire, dont il importait de conserver le souvenir à la postérité :

« M. Tolozan de Montfort, dit le procès-verbal dressé alors, et transcrit sur le registre des actes consulaires, n'ayant reçu aucun avis direct de la marche des ambassa-

de cette somme, moyennant un intérêt de 5 pour cent par an, et il devait se rembourser de trois mois en trois mois, sur les produits des droits de maîtrise, perçus par le roi dans la communauté des fabricants en étoffes d'or, d'argent et de soie, et dont Sa Majesté fit le généreux abandon pendant vingt années.

(1) Ces ambassadeurs se nommaient Mohamed-Durvesh-Khan, Akber-Aly-Khan et Mohammed-Olchman-Khan ; ils venaient demander des secours à la France contre les Anglais. La révolution de 1789 n'ayant pas permis au gouvernement de s'occuper des affaires de l'Inde, Typoo-Saïb réduit à ses seules forces, ne put tenir contre ses ennemis. Après avoir perdu plusieurs grandes batailles en 1790, 1791 et 1792, il fut forcé de traiter avec les Anglais, et aux conditions les plus dures. Attaqué de nouveau en 1799, Tipoo-Saïb fut tué en défendant les remparts de sa capitale, et tous ses états tombèrent au pouvoir de l'Angleterre.

deurs, ni aucune espèce d'ordre de la cour sur la nature des honneurs que le roi entendait qui leur fussent rendus, prit diverses mesures pour être informé du jour où LL. EE. arriveraient à Lyon.

« Il fut successivement instruit que les ambassadeurs étaient partis le 28 juin d'Avignon, qu'ils allaient à petites journées, ne marchaient à peu près que depuis dix heures du matin jusqu'à six heures de l'après-midi, qu'ils avaient couché le 1er juillet à Saint-Vallier, et le 2 à Vienne, et qu'ils devaient partir le 3 de cette dernière ville, sous l'escorte de la maréchaussée, pour arriver dans l'après-midi à Lyon, où 18 à 20 cipayes, composant leur garde, avaient récemment passé, continuant leur route jusqu'à Paris.

« D'après cette connaissance de la marche des ambassadeurs, M. le prévôt des marchands fit les dispositions que leur prochaine arrivée dans la ville lui parut nécessiter.

« En conséquence, deux brigades de la maréchaussée, à la résidence de Lyon, furent placées à la porte de la Guillotière pour y remplacer celle de Vienne au moment de l'arrivée des ambassadeurs, et les escorter dans la ville jusqu'au logement qui leur avait été préparé à l'hôtel de la Croix-de-Malte, place Louis-le-Grand. Cet hôtel fut gardé par des détachements de la compagnie du guet, à l'effet d'empêcher qu'il ne se jetât trop de monde dans l'hôtel jusqu'au moment de l'arrivée des ambassadeurs, et que leurs équipages fussent en sûreté.

« La compagnie franche détachée du régiment *Lyonnais*, et préposée de la garde des portes de la ville, fut placée sur le pont de la Guillotière; elle était soutenue, au-dessus de la ville, aux abords du pont, par des détachements de la compagnie des arquebusiers et de celle du guet. Le reste de cette dernière compagnie, ainsi que la cavalerie, étaient disposés de manière à prévenir tous les accidents auxquels les engorgements du peuple pourraient donner lieu.

« Une garde d'honneur de cinquante hommes de bourgeoisie, vêtue uniformément, commandée par ses officiers, et ayant un drapeau de couleur, était postée au-devant de l'hôtel de la Croix-de-Malte, place Louis-le-Grand, et attendait les ambassadeurs.

« A six heures et demie de l'après-midi du même jour, jeudi 3 juillet, LL. EE., placées, ainsi que leur suite, dans diverses voitures, entrèrent à Lyon au bruit des tambours et des instruments militaires, et aux acclamations d'un peuple immense accouru sur leur passage. Elles suivirent la rue de la Barre, et entrèrent dans la place Louis-le Grand, d'où elles se rendirent à leur hôtel, où la maréchaussée les quitta.

« Le quartier de bourgeoisie de la place Louis-le-Grand, qui fournissait la garde d'honneur, rendit à LL. EE. les honneurs militaires, les boîtes furent tirées, et le public témoigna par de nouveaux et très-vifs applaudissements le plaisir que lui causait l'arrivée de LL. EE, qui, de leur côté, annoncèrent par leurs gestes être très-sensibles au bon accueil qu'elles recevaient. Elles firent remercier la garde et la prier de se retirer; mais la bourgoisie montra le plus vif désir de pourvoir exclusivement à la sûreté de leurs personnes et de tout ce qui leur appartenait pendant la durée de leur séjour à Lyon. M. le prévôt des marchands permit en conséquence que la garde restât, qu'elle fût successivement relevée par un autre quartier, et que les factionnaires du guet, postés dans l'intérieur de l'hôtel pour la sûreté des équipages, rejoignissent leur compagnie.

« Aussitôt que M. le prévôt des marchands fut informé à Lyon de l'arrivée des ambassadeurs, il se transporta à leur hôtel avec les officiers de l'état-major pour les complimenter, prendre leurs ordres et leur offrir tout ce qui pouvait dépendre de lui. MM. les officiers du régiment de Piémont, infanterie, de passage en cette ville, et qui avaient dîné chez lui, demandèrent à l'accompagner dans cette visite; il les présenta à LL. EE.

« Le lendemain matin, vendredi 4, M. le prévôt des marchands envoya quatre corbeilles des plus beaux fruits de la saison aux ambassadeurs, à qui ils parurent faire beaucoup de plaisir.

« A onze heures, il alla leur faire visite, accompagné d'un bon nombre d'officiers de la garde et milice bourgeoise, ayant à leur tête M. Berruyer aîné, capitaine-colonel du quartier de la place Confort. M. le prévôt des marchands présenta ces Messieurs à LL. EE.

« Les ambassadeurs ayant témoigné le desir de voir des manufactures ou étoffes de Lyon, M. le prévôt des marchands les conduisit chez M. Desvignes pour voir dorer des lingots, et ensuite chez M. Pernon, fabricant de meubles pour le service de la cour et de diverses étoffes de goût; tout ce que ce fabricant se trouva avoir de beau fut mis sous leurs yeux.

« L'après-midi, vers les quatre heures, MM. Fayolle aîné et Imbert-Colomès, 2e et 3e échevins, Prost de Grange-Blanche, avocat du roi et procureur-général de la ville, se rendirent en députation, au nom du Consulat, auprès des ambassadeurs. M. Fayolle, portant la parole, complimenta LL. EE. au nom du corps municipal.

« A cinq heures, LL. EE. honorèrent M. le prévôt des marchands de leur visite; il se trouva chez lui une nombreuse société de personnes choisies de l'un et de l'autre sexe; LL. EE. firent à tout le monde l'accueil le plus gracieux; elles acceptèrent quelques rafraîchissements; elles remarquèrent avec attention et attendrissement deux bustes en marbre qu'on leur fit connaître être ceux du roi et de la reine; elles se portèrent sur le balcon de l'hôtel de M. le prévôt des marchands, y reçurent de la part du peuple, qui s'était rendu avec affluence sur la terrasse et sur les quais, des applaudissements vifs et réitérés qui parurent les flatter infiniment, y jouirent pendant quelque temps de la beauté du coup-d'œil, et se rendirent ensuite, dans la voiture de M. le prévôt des marchands, à la comédie, où l'on avait préparé l'opéra comique de *la Mélomanie* et un ballet héroïque en trois actes, à grand spectacle, intitulé : *Aëtius et Fulvie.* Avant de sortir de chez M. le prévôt des marchands, LL. EE. acceptèrent un plan qu'il leur offrit de la ville de Lyon, vue du côté de Fourvières, ainsi que la gravure de la statue équestre de Louis XIV, érigée sur la place de Bellecour.

« A la comédie, LL. EE. furent placées, sur un très-grand sopha, sur le devant de l'amphithéâtre. Aga Saheb, fils du second ambassadeur; Ghoulamy Saheb, neveu du troisième, quelques personnes de leur suite et les officiers du roi qui les accompagnaient, étaient placés, savoir : les deux premiers sur des fauteuils, et les autres sur des chaises, à quelque distance du sopha. M. l'intendant, qui s'était rendu chez M. le prévôt des marchands pendant la visite des ambassadeurs, occupaient un fauteuil à côté le troisième, et M. le prévôt des marchands un autre à côté le premier, ces deux fauteuils joignant le sopha.

« Les autres places de l'amphithéâtre, qui avaient été gardées jusqu'au moment de l'arrivée des ambassadeurs, étaient en grande partie occupées par les officiers du régiment d'Enghien, infanterie, arrivé ce même jour à Lyon, et que M. le prévôt des marchands avait présentés à LL. EE. dans leur hôtel.

« Un tapis de velours, bordé d'un large galon d'or, était tendu au-devant de l'amphithéâtre, un très-gros lustre était placé au-dessus; tous les corridors par où LL. EE. devaient passer étaient éclairés de bougies. Le public, qui garnissait complètement le spectacle, réitéra ses applaudissements lors de l'arrivée et de la sortie de LL. EE., qui témoignèrent leurs remercîments par leurs saluts et leurs gestes.

« Le samedi 5, au matin, M. le prévôt des marchands alla visiter LL. EE.; l'après-midi, il retourna auprès d'elles, les accompagna dans la visite qu'ils firent de la bibliothèque du grand collége et de l'Hôtel-de-Ville, d'où elles se rendirent à pied dans la salle des spectacles, où il y avait *bal paré*.

« Le dimanche 6, au matin, M. le prévôt des marchands envoya à LL. EE. divers présents en glaces et corbeilles de fruits. L'après-midi, entre trois et quatre heures, elles allèrent faire une visite à M. Terray, intendant, chez qui M. le prévôt des marchands se trouvait; après quoi elles montèrent dans la voiture de M. le prévôt des marchands, et se rendirent aux Brotteaux, Aga Saheb et Ghoulamy Saheb, prirent place dans la voiture de M. l'intendant.

« Après avoir joui de la beauté de la promenade et du coup-d'œil brillant et varié qu'elle offrait, LL. EE.

se rendirent dans la maison du sieur Antonio Spréafico, située aux Brotteaux; une société distinguée et nombreuse s'y était à l'avance rendue; une forte garde de la compagnie franche, commandée par ses officiers, y était postée, et l'on s'y était disposé à lancer trois ballons aérostatiques de la hauteur de vingt-cinq pieds, construits en papier à Annonay, et apportés de cette ville par M. de Monneron. Les dispositions pour le départ de ces ballons étaient dirigées par le sieur Fontaine, l'un des aéronautes qui montèrent le grand ballon *Montgolfier* au mois de janvier 1784.

« Au sortir des Brotteaux, LL. EE. furent conduites à la comédie, où l'on donna une représentation de *Rose et Colas*, d'*Annette et Lubin* et d'un grand ballet, spectacle qu'elles avaient demandé. Dans les deux opéras comiques, la dame Dugazon, pensionnaire du roi, première actrice de la comédie italienne de Paris, remplit les rôles de son emploi.

« Le jour du lundi 7 ayant été fixé pour le départ des ambassadeurs, on fit les dispositions nécessaires pour la sûreté et les honneurs de leur marche dans l'intérieur de la ville jusqu'à la porte de Vaise, par où ils devaient sortir pour continuer leur route jusqu'à Paris, passant par le Bourbonnais.

« A une heure après midi du même jour, M. le prévôt des marchands se rendit à l'hôtel des ambassadeurs, leur présenta ses hommages, les remercia de l'honneur qu'ils avaient fait à cette ville, leur souhaita un bon voyage, et prit congé d'eux; il reçut les remercîments les plus affectueux exprimés tant par leurs gestes que par la bouche de Mouhamed-Assard-Oullah, interprête du roi à l'Ile-de-France, chargé des fonctions d'interprête de l'ambassade.»

Le 30 août 1788, le prévôt des marchands, assisté des quatre échevins, MM. Ravier, Fayolle aîné, Imbert-Colomès et Steymann, posa la première pierre du pont destiné à rétablir la communication de la place Bellecour avec le quartier de l'Archevêché. Les détails de cette cérémonie, l'une des plus intéressantes qu'on ait vues à Lyon, ont été conservés à la postérité dans un procès-verbal transcrit sur les registres du Consulat. Voici l'inscription qui fut gravée sur la première pierre de chacune des deux arches du pont projeté :

Favente
Rege benefico LUDOVICO XVI,
auspiciis
Illustriss.. Ducis de VILLEROY
summi provinciæ moderatoris,
ad utilitatem publicam,
ex civium sumptibus et votis,
primum hujusce pontis posuere lapidem,
D. D.
LUD. TOLOSAN DE MONFORT *eques,*
mercatorum prepositus,
nobiles
JOA : MAR : RAVIER, CL. FR. FAYOLLE,
JAC. IMBERT-COLOMÈS, JOS : STEYMANN
Lugduni Consules
et
MAR : PET : PROST, *eques, communium curator,*
BEN : VALOUS, *eques civitat : secretarius,*
AL : ANT. REGNY, *dentarius, urbis quæstor.*
die mensis augusti 30, *anno* M.V.CC. LXXXVIII.
urbis splendor
et magistratuum bene meritorum memoriæ.

sint in perpetuum insignes
et quandiù hic fluent Araris undæ.

Cette inscription avait été composée par l'Académie des sciences et belles-lettres de Lyon.

Avant qu'on ait songé à la construction d'un pont en pierre à l'archevêché, il existait sur le même emplacement un pont en bois, construit en l'année 1663. Voici l'inscription qu'il portait, et qui a été conservée dans les registres des actes consulaires de la ville :

Inter pacis otia,
ab Ludovico a deo dato suæ concessa galliæ
felicitatem publicam procurantibus
Nicolas de Neuville galliæ polemarcho et Camille
de Neuville præsule regis viris agentibus in
præfectura Lugdunensis,
pontis hujus initia posuere
nobiles vivi Hugo de Pomey, mercatorum præpositus,
Jacobus Michel, Bartholomeus Ferrus, dominicus
Pontsaimpierre, Romanus Thomé. Ad hoc,
incrementum dein perduxere, prioribus sufficia
magistratibus nobiles viri Marcus Antonius
Dusauzey, mercatorum præpositus, Claudius
Pellot, Johannes Arthaud, Franciscus Lumagne
et Franciscus Chapuis.
anno M.V.C.LXIII.

Peu de jours après la pose de la première pierre du pont de l'*Archevêché* (1), Louis Tolozan partit pour Ver-

(1) Les travaux du pont de l'*Archevêché*, suspendus par les graves événements de 1789, ne furent repris que sous l'Empire, où le pont fut enfin terminé et reçut le nom de *Tilsitt* qu'il garda jusqu'à la Restauration. A cette époque, son nom primitif lui fut très-justement rendu ; mais le gouverne-

sailles, afin d'assister à la seconde assemblée des notables, convoquée par le ministre Necker au sujet de la composition à donner aux prochains états généraux du royaume.

« Il s'agissait, dit l'honnête et judicieux Beaulieu, dans ses excellents *Essais sur la Révolution de France*, de savoir si, pour la composition des états, on s'en tiendrait aux anciens usages, et notamment à ceux de 1614, comme le voulaient les parlements, ou, si, conformément à quelques idées nouvelles, répandues dans divers écrits, le tiers-état serait en nombre égal à celui des deux premiers ordres réunis. La grande majorité des notables, à l'exception du bureau, présidé par Monsieur, frère du roi (1), furent d'avis, comme les parlements, qu'il fallait s'en tenir aux anciens usages, et ne pas commencer le bouleversement de la monarchie en frappant ses bases les plus essentielles. »

On sait que le conseil du roi, dirigé par M. Necker,

ment de la Restauration eut assurément grand tort de débaptiser les ponts d'*Austerlitz* et d'*Iéna*, à Paris, et de faire disparaître les insignes impériaux et les bas-reliefs en marbre qui décoraient l'arc de triomphe de la place du Carrousel. C'est également à tort que le gouvernement de la révolution de juillet a débaptisé le pont de *Charles X*, à Lyon, pour lui donner le nom de pont de *Lafayette*. Il faut laisser à chacun ce qui lui appartient. En 1793 on eut la manie de changer les noms de tels ponts, de telles places, de tels quais, de telles rues. La place *Louis XV*, à Paris, fut appelée place de la *Révolution*, ensuite place de la *Concorde*. Sous la Restauration elle reprit son premier nom ; elle doit le garder. L'histoire des villes et de leurs monuments ne veut pas qu'on s'écarte de la maxime *cuique suum*. La première Révolution a eu des torts ; l'Empire a eu des torts ; la Restauration a eu des torts ; la Révolution de juillet a eu des torts : le bon sens public est intéressé à en demander aujourd'hui la raisonnable réparation.

(1) Le comte de Provence, depuis *Louis XVIII*, lequel alors ne prévoyait pas sans doute le coupable abus qu'on ferait, l'année suivante, de ses libérales intentions.

ne s'arrêta point aux scrupuleuses observations de la majorité des notables, et qu'il décida que le nombre des députés à envoyer par le tiers-état aux prochains états-généraux serait égal à celui des députés des deux autres ordres réunis. Ainsi l'ordre du clergé ayant envoyé trois cents députés aux états-généraux, et l'ordre de la noblesse un pareil nombre, le tiers-état en envoya six cents. L'intention de M. Necker, ni celle du conseil du roi, n'étaient cependant pas que la délibération par ordre fût changée; mais ils voulaient que, dans certaines questions, dans certaines circonstances, avec l'approbation de Sa Majesté et le concours des trois ordres, la délibération par tête fut admise, afin de pouvoir arriver plus sûrement à la solution de toutes les affaires et propositions reconnues pour être d'un intérêt public.

Après la dissolution de l'assemblée des notables, Louis Tolozan fut bientôt de retour à Lyon, et il continua de tenir les rênes de l'administration municipale jusqu'au 2 avril 1789, époque à laquelle le Consulat le pria de se transporter lui-même à Paris pour rendre aux ministres du roi un compte plus exact de la position pénible où se trouvait la ville, à l'égard des approvisionnements et et de plusieurs autres objets de grande importance. Les quatre échevins, MM. Imbert-Colomès, Steimann, Bertholon et Dégraix furent donc seuls chargés de la conduite des affaires de la commune, depuis le départ du prévôt des marchands jusqu'au 12 avril 1790, où commença le nouveau régime municipal; et, pendant les années orageuses qui suivirent, Louis Tolozan vécut dans le plus complet oubli. Il ne nous a pas été possible de savoir comment il avait eu le bonheur d'échapper aux sanglantes proscriptions de la Terreur. Après le siége de

Lyon, quand l'armée conventionnelle eut pris possession de la ville, la moitié de la maison Tolozan, de la place du Plâtre, fut convertie en une caserne d'infanterie, et la maison du quai Saint-Clair fut occupée par les représantants du peuple en mission à *Commune-Affranchie*, ce qui, très-probablement, les préserva toutes deux de tomber sous les coups du marteau révolutionnaire. Quand des temps moins mauvais furent revenus, Louis Tolozan reparut à Lyon; mais il n'y joua aucun rôle politique. Parvenu à un très-grand âge, sous l'Empire, il vivait retiré dans le beau château d'Oullins, qui avait appartenu à l'archevêque de Lyon, Malvin de Montazet, et dont il avait fait l'acquisition plusieurs années avant sa mort, arrivée le 10 décembre 1811.

Louis Tolozan avait été reçu membre associé de l'Académie des sciences et belles-lettres de Lyon en l'année 1785. Nous ne connaissons de lui aucun écrit; mais il est certain qu'il avait de l'instruction, un goût délicat, et qu'il s'exprimait avec grâce et facilité; il avait des connaissances très-positives dans les beaux-arts, et la belle collection de tableaux et de gravures qu'il possédait avant la révolution annonçait en lui un amateur des plus éclairés. Louis Tolozan était d'une taille fort avantageuse, et sa figure, très-belle, respirait la douceur et la bonté; il avait beaucoup de noblesse et d'élévation dans le caractère, et personne, avant lui, n'avait fait les honneurs de la place de prévôt des marchands à Lyon avec plus de grandeur et de magnificence que lui. Il n'avait eu, de son mariage avec Marie-Anne Audra, que trois filles, dont l'une épousa M. le marquis d'Ambert, colonel d'infanterie; une autre fut mariée à M. le comte de Mauroy, officier aux gardes de l'un des princes frères de Louis XVI;

enfin une autre épousa M. le comte d'Osembray, officier dans la marine royale. M. le marquis d'Ambert périt dans la révolution. On prétend que Bernadotte, aujourd'hui Charles-Jean, roi de Suède, qui avait servi dans son régiment, fit les plus grands efforts pour l'arracher à l'échafaud révolutionnaire, et qu'il fut long-temps inconsolable de n'avoir pu réussir. Ce sont les enfants d'Osembray qui ont seuls recueilli la riche succession de Louis Tolozan de Montfort (1).

J. S. P.

(1) Dans la composition de cette notice, nous avons été puissamment aidés par les renseignements qu'ont bien voulu nous donner M. Charnier, chef d'atelier de la fabrique d'étoffes de soie, membre du conseil des prud'hommes ; M. Charlet, ancien caissier de feu M. Regny, trésorier de la ville, fils d'Alexis-Antoine ; M. Bayard, gendre de Jean-Claude David, ancien caissier de Louis Tolozan ; enfin M. le Bibliothécaire de la ville. Les Archives de la mairie nous ont été pareillement fort utiles, et nous en remercions M. le Conservateur.

enfin nécessaire épousa M. le comte d'Osembray, officier dans la marine royale. M. le marquis d'Aubert périt dans la révolution. Un prétendu patriote, aujourd'hui Charles-Jean, roi de Suède, qui avait servi dans son régiment, fit les plus grands efforts pour l'arracher à l'échafaud révolutionnaire, et qu'il fut longtemps inconsolable de n'avoir pu réussir. Ce sont les enfants d'Osembray qui ont seuls recueilli la riche succession de Louis Tolozan de Montfort (1).

J. B. D.

(1) Dans la composition de cette notice, nous avons été puissamment aidés par les renseignements qu'ont bien voulu nous donner M. Chanel [illegible], chef d'atelier de la fabrique d'étoffes de soie, membre du conseil des prud'hommes; M. Charl[illegible], ancien caissier de feu M. [illegible], trésorier de la ville, fils d'Alexis A[illegible]; M. Lagond, gendre de [illegible] Claude [illegible], ancien caissier de Louis Tolozan; enfin M. le Bibliothécaire de la ville. Les Archives de la mairie nous ont été pareillement fort utiles, et nous en remercions M. le Conservateur.

www.ingramcontent.com/pod-product-compliance
Lightning Source LLC
LaVergne TN
LVHW010041230826
846091LV00005B/1821

* 9 7 8 2 0 1 1 7 6 6 4 8 9 *